记住乡愁

——留给孩子们的中国民俗文化

刘魁立 ◎ 主编

邵凤丽 ◎ 著

第十辑 民间信俗辑

本辑主编 黄景春

祖先崇拜

黑龙江少年儿童出版社

编委会

序

亲爱的小读者们，身为中国人，你们了解中华民族的民俗文化吗？如果有所了解的话，你们又了解多少呢？

或许，你们认为熟知那些过去的事情是大人们的事，我们小孩儿不容易弄懂，也没必要弄懂那些事情。

其实，传统民俗文化的内涵极为丰富，它既不神秘也不深奥，与每个人的关系十分密切，它随时随地围绕在我们身边，贯穿于整个人生的每一天。

中华民族有很多传统节日，每逢节日都有一些传统民俗文化活动，比如端午节吃粽子，听大人们讲屈原为国为民愤投汨罗江的故事；八月中秋望着圆圆的明月，遐想嫦娥奔月、吴刚伐桂的传说，等等。

我国是一个统一的多民族国家，有 56 个民族，每个民族都有丰富多彩的文化和风俗习惯，这些不同民族的民俗文化共同构筑了中国民俗文化。或许你们听说过藏族长篇史诗《格萨尔王传》

中格萨尔王的英雄气概、蒙古族智慧的化身——巴拉根仓的机智与诙谐、维吾尔族世界闻名的智者——阿凡提的睿智与幽默、壮族歌仙刘三姐的聪慧机敏与歌如泉涌……如果这些你们都有所了解，那就说明你们已经走进了中华民族传统民俗文化的王国。

你们也许看过京剧、木偶戏、皮影戏，看过踩高跷、耍龙灯，欣赏过威风锣鼓，这些都是我们中华民族为世界贡献的艺术珍品。你们或许也欣赏过中国古琴演奏，那是中华文化中的瑰宝。1977年9月5日美国发射的"旅行者1号"探测器上所载的向外太空传达人类声音的金光盘上面，就录制了我国古琴大师管平湖演奏的中国古琴名曲——《流水》。

北京天安门东西两侧设有太庙和社稷坛，那是旧时皇帝举行仪式祭祀祖先和祭祀谷神及土地的地方。另外，在北京城的南北东西四个方位建有天坛、地坛、日坛和月坛，这些地方曾经是皇帝率领百官祭拜天、地、日、月的神圣场所。这些仪式活动说明，我们中国人自古就认为自己是自然的组成部分，因而崇信自然、融入自然，与自然和谐相处。

如今民间仍保存的奉祀关公和妈祖的习俗，则体现了中国人崇尚仁义礼智信、进行自我道德教育的意愿，表达了祈望平安顺达和扶危救困的诉求。

小读者们，你们养过蚕宝宝吗？原产于中国的蚕，真称得上伟大的小生物。蚕宝宝的一生从芝麻粒儿大小的蚕卵算起，中间经历蚁蚕、蚕宝宝、结茧吐丝等过程，到破茧成蛾结束，总共四十余天，却能为我们贡献约一千米长的蚕丝。我国历史悠久的养蚕、丝绸织绣技术自西汉"丝绸之路"诞生那天起就成为东方文明的传播者和象征，为促进人类文明的发展做出了不可磨灭的贡献！

小读者们，你们到过烧造瓷器的窑口，见过工匠师傅们拉坯、上釉、烧窑吗？中国是瓷器的故乡，我们的陶瓷技艺同样为人类文明的发展做出了巨大贡献！中国的英文国名"China"，就是由英文"china"（瓷器）一词转义而来的。

中国的历法、二十四节气、珠算、中医知识体系，都是中华民族传统文化宝库中的珍品。

让我们深感骄傲的中国传统民俗文化博大精深、丰富多彩，课本中的内容是难以囊括的。每向这个领域多迈进一步，你们对历史的认知、对人生的感悟、对生活的热爱与奋斗就会更进一分。

作为中国人，无论你身在何处，那与生俱来的充满民族文化DNA的血液将伴随你的一生，乡音难改，乡情难忘，乡愁恒久。这是你的根，这是你的魂，这种民族文化的传统体现在你身上，是你身份的标识，也是我们作为中国人彼此认同的依据，它作为一种凝聚的力量，把我们整个中华民族大家庭紧紧地联系在一起。

《记住乡愁——留给孩子们的中国民俗文化》丛书，为小读者们全面介绍了传统民俗文化的丰富内容：包括民间史诗传说故事、传统民间节日、民间信仰、礼仪习俗、民间游戏、中国古代建筑技艺、民间手工艺……

各辑的主编、各册的作者，都是相关领域的专家。他们以适合儿童的文笔，选配大量图片，简约精当地介绍每一个专题，希望小读者们读来兴趣盎然、收获颇丰。

在你们阅读的过程中，也许你们的长辈会向你们说起他们曾经的往事，讲讲他们的"乡愁"。那时，你们也许会觉得生活充满了意趣。希望这套丛书能使你们更加珍爱中国的传统民俗文化，让你们为生为中国人而自豪，长大后为中华民族的伟大复兴做出自己的贡献！

亲爱的小读者们，祝你们健康快乐！

二〇一七年十二月

目 录

灵魂永存

灵魂永存

有首古诗说"岁至中元祭祖先，皓轮寄泪化冥钱"，意思是说每年到了中元节，人们都要焚化纸钱，祭祀自己的祖先。在中国传统文化中，有"三元"之说，分别指农历正月十五上元节，农历七月十五中元节，农历十月十五下元节，其中中元节是祭祀亡亲、悼念祖先的重要日子。一年之中，除了中元节，春节、清明节、冬至也都是祭祀祖先的重要时间。

在人们的观念里，祖先非常重要，他们不仅是与自己具有血缘传承关系的先人，同时祖先的灵魂永存，令人依赖或者畏惧。于是，

人们按时在祠堂、墓地或者家里举行祭祀祖先的活动，表达对祖先的缅怀，同时祈祷祖先可以庇佑子孙，福荫后代。

|王氏宗祠祖先像|

邵凤丽　摄

早在史前时期，人类的祖先观念就已出现。祖先观念的出现与人类对死亡的思考有关。最初，人们将死亡看作一种睡眠方式，但与日常睡眠不同，死去的人不会再醒来，身体还会腐烂消失。"死亡究竟是什么？"这个问题长期困扰着人们。经过长时间的观察、思考之后，人们才慢慢地接受了死亡现象，并开始思索死亡究竟意味着什么。在史前人的头脑中，人类拥有生命，获得生存，然而一旦失去生命，人就会死亡。英国著名人类学家和民俗学家弗雷泽在《金枝》中说："一个动物活着并且行动，只是因为它身体里面有一个小动物在使它行动；如果人活着并且行动，也是因为人体里面有一个小人或小动物使得他行动。这个动物体内的小动物，人体内的小人，就是灵魂。正如动物或人的活动被解释为灵魂存在于体内一样，睡眠和

|翁氏宗祠|
邵凤丽 摄

翁氏宗祠

死亡则被解释为灵魂离开了身体。睡眠或睡眠状态是灵魂暂时的离体，死亡则是永恒的离体。如果死亡是灵魂永恒的离体，那么预防死亡的办法就是不让灵魂离体，如果离开了，就要想法保证让它回来。"

后来，随着人类社会的不断演进，史前时期的许多原始想象被科学认知不断纠正，但灵魂信仰的许多古老的因子却保留在人类的头脑之中，成为传统文化中相对稳定的组成部分。

灵魂是什么?

灵魂又称魂魄，古人很早就有了魂魄的观念，认为附着在身体上的叫"魄"，离开身体的叫"魂"。

在中国人的传统观念中，灵魂不是虚无缥缈的，它常常附托在某种物体中，有时可以感觉到，甚至可以看到。

尚可喜墓 | 邵凤丽 摄

尚氏家族墓 | 邵凤丽 摄

灵魂是气

清朝文学家袁枚撰写了一部笔记小品《子不语》，其中《鬼魂觅棺告主人》记载了一个这样的鬼故事：程原衡家里有一个姓李的管事，晚上喝醉酒，从楼上坠落而死，但全家人都不知道。晚上，正在睡觉的程原衡突然醒了，觉得自己的左耳非常阴冷，心生怀疑便四处看，只看见灯光青荧，有一个黑色人影朝他的耳朵里吹气，好像要向他倾诉什么，程原衡大吃一惊，立刻让家丁四处查看。很快家丁便在楼下发现了李管事的尸体，程原衡才知道这是李管事的魂魄来找自己给他买棺材下葬。在这个故事里，提到了鬼吹气，表明当时的人认为灵魂是以气的形式存在的。

灵魂是鸡

在中国传统观念中，鸡可以替代人的灵魂。小朋友，你是否留心观察过一些古代建筑的房顶有鸡或者是凤凰形状的雕刻呢？这可能就与古人的灵魂观念有关。著名学者许地山说："中国人相信灵魂像一只公鸡。许多记回煞有关的故事中都说煞神像公鸡一样飞回来。因此，屋顶挡煞的安置物有时会是一只公鸡；宫殿的鸱吻和四檐角的鬼瓦也有作鸡形或凤形的。……俗人移柩，如须渡水越山时，必须要放一只白公鸡在柩头，十足表现了这个信仰。甚至结婚，如新郎不在场，也可以用一只公鸡来做代表。"晋代干宝的《搜神记》中记载了一个这样的故事：夏侯弘在江

墓碑纹饰｜
邵凤丽 摄

| 汪氏宗祠
| 一角 |
邵凤丽 摄

陵见到一个大鬼，气势汹汹，提着矛戟，身后还有几个小鬼随从。夏侯弘赶紧躲了起来，等大鬼走了之后，他捉到一个小鬼，问："这是什么东西？"小鬼说："用那把矛戟刺中心腹，人就会立刻死去。"夏侯弘说："那有起死回生的办法吗？"小鬼说："用乌鸡制成药，敷于心腹处，立刻痊愈。"夏侯弘问："你们现在要去哪

儿？"小鬼说："要到荆州、扬州去。"当时这两个地方正流行心腹病，夏侯弘于是教人用乌鸡制成药敷于心腹处，很多人都得救了。在这个故事里，实际上是用乌鸡的死来代替人死。

灵魂是鸟

小朋友，你知道仙鹤和长寿有什么关系吗？你可以看看马王堆出土的《西汉帛画》，上面有七只引颈长鸣

的仙鹤，意思是引魂升天。不仅仙鹤能带领人的灵魂上天，鸟也可以。历史上有一个"楚魂鸟"的故事。故事是这样的：当年楚怀王不听屈原的忠言，和秦昭王在武关相会，结果被秦国捉去了，囚禁在咸阳，不让他回楚国，最后惨死在了秦国。楚怀王死后变成了鸟，名叫"楚魂"。因此，鸟象征灵魂，灵魂也可以像鸟一样飞翔。

纪氏宗祠祖先像 ｜ 邵凤丽　摄

人有几个魂？

刚刚介绍了灵魂的几种形态，灵魂可以是气、鸡、鸟等等。有人认为人死后灵魂可以继续存活；有人认为人死后灵魂寄居在某处；有人认为人死后灵魂可以在天堂享受永生，也可能下到地狱遭受惩戒；有人认为灵魂可以转生，或是到处游荡。

汉族一般认为人有一个灵魂，即使人死后灵魂离开了肉体，但仍是这个人的灵魂。也有"三魂七魄"的说法，按照道家的说法，"三魂"分别是爽灵、胎元和幽精。

蒙古族认为每个人都有

"三魂",第一个灵魂停留在人的身体里,这是人的"主魂";第二个灵魂是离开人的躯体而漫游世界的"游魂";第三个是人死后守护尸体的"尸魂"。

景颇族认为男人有"六魂",女人有"七魂",前三魂是善魂,后三魂、四魂是恶魂,并认为人死是因为他的善魂被鬼掠走或咬死所致,而恶魂还落在人世间游荡作祟,因此要举行名为"芒拾办"的送魂仪式,保障人间安宁。

侗族认为人有"三魂七魄",病人患病就是因为有夺魂的鬼怪从病人身上夺走了"三魂七魄",直至死去,所以要请巫师作法,并制作赎魂袋向夺魂的鬼神赎魂,袋中所装的三片茶叶和七粒白米,就是代表"三魂七魄"的灵物。

|边氏祠堂一角|

郜风丽 摄

阿昌族认为人有三魂。人死后：一魂被送到墓地随尸体而去；一魂留在家中被子孙供奉起来；一魂到鬼王那里去报道并回到祖先所在的地方。

独龙族相信人和其他动物都有两个灵，一个是躯体存活的生灵，叫作"卜拉"；另一个是死后的亡魂，叫作"阿细"。他们认为"卜拉"只有当人活着的时候才有，人和动物的身影，映入水中的倒影，都是"卜拉"存在的证明。在梦中人感到自己在异地活动或与别人在梦中交流，是"卜拉"暂时离开躯体外出造成的。所以，如果发现有人从人体中丢失了"卜拉"，就要请巫师举行寻找"卜拉"的祭祀仪式。人、畜死亡也被认为是"卜拉"先死，于是出现了"阿细"。人的生魂被认为是天上的创造神格蒙安排的，同时也由他掌管，人死后，立即产生第二个灵魂"阿细"，只是人们无法看到它，认为只有巫师才能看到。在独龙族看来，"阿细"并不是鬼魂和精灵，而是到另一个世界去的亡人之灵。

拉祜族也认为人的灵魂可以离肉体而去，人患病时则是暂时失魂，这时的灵魂离开躯体去往祖先居住过的地方，他们认为那个地方就是青藏高原，因此只有举行招魂仪式把魂找回，才能病愈。招魂要按照魂走的路线召唤，以现在生活的村寨为出发点，沿着祖先迁徙的路线，从南到北，直到天神、祖先神厄莎居住的石屋，找到病人的灵魂为止。他们还认为人死后灵魂会变冷，要与活人的热魂分开，所以还要在安葬死人之后举行两次"隔魂"仪式，让冷魂离去安息，活人热魂请进家，以免随冷魂而去。

源远流长的祖先崇拜

| 源远流长的祖先崇拜 |

《易经》《礼记》等很多典籍中都有关于祖先的记载。事实上，在这些典籍记载的历史时期之前，就已经有了祖先崇拜。

中国人的祖先崇拜源远流长，经过了不同社会发展阶段，形式各有不同。早在山顶洞人时期，先人就已经将人与尸体分开。山顶洞的上层住人，下层埋葬死者，地窖里面堆放动物尸体，这说明当时的人已经懂得把活人与死人分开，把人与动物

| 王氏宗祠祖先神主 |

邵凤丽 摄

分开。山顶洞人在人的尸体旁边撒上赤铁矿粉末，并把染上红色的石珠、带孔的牙齿和边缘钻孔的鲩鱼眼上骨放在尸体旁边作为陪葬品，这表明当时的人类已经产生了两个世界的观念。陪葬品是供死者在另一个世界用的，红色粉末象征着血液与生命，希望死者能够在另一个世界生存下去。这表明山顶洞人已经意识到死亡并不意味着完全消失，生者和死者之间依然存在密切联系。

从陕西南部龙岗寺仰韶文化早中期的埋葬制度中可以看到，大约150个祭祀坑环绕在168座墓葬周围。虽然目前还无法获知当时祭祀仪式的具体情形，但祭祀坑的存在充分表明在当时人的头脑中已经形成了祖先崇拜的观念，他们不仅妥善埋葬死者，还对死者进行集体祭祀。

在山西襄汾陶寺遗址中存在一处面积达3万平方米的墓葬区。墓葬区中坟墓数量超过一千座，这些坟墓被分割成若干墓区。这表明当时的人要对死去的人进行埋葬处理，并根据不同原则进行分类埋葬。从墓葬区的整体情况看，可分为大型墓、中型墓和小型墓三种规格。

周口店遗址

从数量上看，大型墓最少，小型墓最多，中型墓居中。整个墓葬区中共有9座大型墓，这些大型墓中使用长约3米、宽约2米的朱绘木棺，棺内撒满朱砂，随葬品多达一二百件。大、中、小三种墓葬类型的存在表明当时社会已经出现了等级分层，且这些等级分层延续到死亡之后。同时，人们在棺木上描绘图画，在棺内撒满朱砂，可能是为了让死者获得安息，不危害生人。

通过这些历史遗址，表明祖先观念很早便存在于人们的头脑中。为了能够安抚已故的祖先，也为了得到祖先的庇佑，人们不仅妥善埋葬祖先，还举行相应的祭祀仪式。

在人类自身对死亡和灵

|辽西牛河梁墓葬|

邸凤丽 摄

|辽西牛河梁祭坛|

邸凤丽 摄

魂的认识过程中，外在生活环境也在发生变化，尤其是伴随着农业文明的不断进

祭祖的人群　邵凤丽　摄

步、定居生活的开始以及生存方式的进一步发展，早期的家庭观念开始萌生，人们对血缘关系的认识逐渐明晰。在这种情况下，祖先观念和血缘传承观念开始结合在一起，形成了对具有血缘传承关系的祖先崇拜的认同。中国人的祖先崇拜具有强烈的人文主义精神，追求的是"慎终追远"的精神意蕴，强调的是文化传统的延续和继承。

祖先是神还是鬼

| 祖先是神还是鬼 |

中国人很看重入土为安，且死者的子孙后代还要定期祭祀死者。人们认为，通过祭祀死者，死者的身体和灵魂都得到了归宿，则会保佑他的后人。但如果某个人是不幸横死，他就死不瞑目，变成冤鬼。冤鬼会追究造成自己死亡的凶手，即便凶手逃过了现实社会的惩罚，也逃不过冤鬼的追索，因此就出现了许多冤鬼复仇的故事。

在人们的心中，祖先的灵魂可分为两类：一类是友善的，他们相信祖先的灵魂是氏族、宗族、家族、家庭的保护者，所以要对祖先致

以虔诚的祭祀；另一类是凶恶的，这类祖先的灵魂对后代很不友好，经常使本氏族的人生病，甚至死亡。因此，人们将祖先的灵魂称为"祖先神"或"祖先鬼"。一般来说，被崇拜的祖先的灵魂在人们的心中是友善的，是

| 汪氏祖先像 |
邵凤丽 摄

本氏族的始祖或本氏族的英雄，也是本氏族的保护神。

祖先神

将祖先作为神明来看待的观念起源很早。早在夏商周时期，国家统治者就已经开始祭祀自己的祖先神。一类是没有直接血缘关系，但是作为传说中的重要英雄，例如有虞氏和夏后氏祭祀黄帝，商族和周族祭祀帝喾。另一类是有一定血缘关系的传说中的英雄，例如有虞氏崇拜尧和颛顼，夏后氏崇拜鲧和颛顼，商人崇拜冥和契，周人崇拜稷。

另外，普通人的祖先要想从"祖先"升格成为"祖先神"，必须对国家、民族、社会以及家族做出过巨大贡献，这是一个人可以被大家祭祀的基本标准。只有生前具备了以上的事迹，死后才能升格为"祖先神"。在浙江文成，有一座很出名的"刘基庙"，又称"诚意伯庙"，里面供奉着明朝军师刘伯温。对刘家人来说，他们的祖先是大明朝的第一谋臣，为大明朝开疆扩土立下

| 跪拜行礼 |
邵凤丽 摄

了汗马功劳。民谚云："三分天下诸葛亮，一统江山刘伯温；前朝军师诸葛亮，后朝军师刘伯温。"刘伯温不断被神化，直至成为一个通天彻地、撒豆成兵的仙人。刘伯温去世后，家人奉旨建了"刘基庙"，每年农历正月初一、六月十五还要举行隆重的"太公祭"祭祀活动。平日里，庙里也是香火不断，人们有什么大事小情都要来拜拜太公，希望自己可以如愿以偿。

普通人之所以把自己的祖先当作神明来崇拜，与他们的宗教观念密切相关。事实上，祖先与祖先神不同。祖先在生前是凡人，而祖先神则超越了凡人。人们对祖先的祭祀，目的是希望祖先可以荫庇子孙，使宗族兴旺，

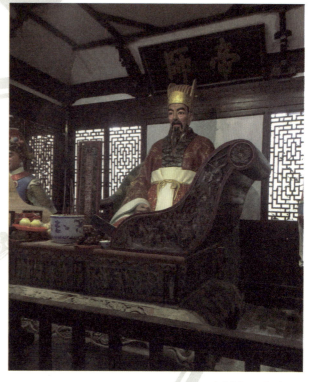

| 刘伯温像 |
邵凤丽　摄

事业发达。而对祖先神的崇拜，除了希望他荫庇子孙外，更重要的是祈盼他能保境安民、捍患御灾。同时，祖先神也具有惩罚降祸的能力，但绝不会无缘无故祸害自己的子孙后代，除非子孙对祖先不敬，或者做出违反族规国法的事。

| 三位祭主 |
邵凤丽 摄

祖先鬼

小朋友，你是不是也听说过"祖先鬼"呢？很多时候，祖先被人们直接称为鬼。这是因为古人认为人死之后就是鬼。鬼在古代并无贬义，说是鬼，是因为人死了以后一定要有归宿。汉代许慎在《说文解字》一书中记载："鬼其实是归的意思，人死后有了归处，所以称之

| 杨氏家谱 |
邵凤丽 摄

为鬼。"

人死后统称为鬼，但不包括那些有资格进入宗庙的祖先。现在我们每逢清明、春节等节日都要去扫墓祭祀我们的祖先，祖先可以是和我们时间很近的祖先，也可以是那些时间非常久远的祖

先。例如，在安徽黄山，姓汪的家族每年清明节时都要举行非常隆重的祭祖活动。祭祀他们的祖先越国公汪华，这个人是唐朝初年一个非常有名的历史人物。在礼法非常严格的古代，不同的身份能祭祀的祖先数量是不

雍肃堂祖先像
邵凤丽 摄

一样的。作为皇帝，身份高贵，他可以在宗庙中祭祀最多的祖先。从皇帝往下，官职越来越低，能祭祀的祖先数量也越来越少。普通老百姓因为没有权力建祠堂，也就不能在祠堂里面祭祀自己的祖先，只能在家里摆上牌位祭祀一下。

人们相信祖先是鬼，但和别的孤魂野鬼、恶鬼、厉鬼不同。祖先是家鬼、好鬼，不仅不会作祟害人，还能保护家人不受伤害。谢宗玉在《鬼节扶乱》中讲述了一个七月十五的故事：七月十五阴司放假，鬼像洪水一样涌入人间，大街小巷到处都是鬼，实在让人害怕。人们都担心被恶鬼伤害，但事实上家鬼会保护大家。"母亲说，家鬼本来是斗不过恶鬼的。但家鬼有后人给他们供饭烧纸，将它们养得精气神都足足的，恶鬼饿着肚子跟它们打架，自然就打不赢。"家鬼能保护家人，但是家鬼也有脾气，要好好对待："母亲做好一桌上等的饭菜，洗手焚香，把所有的门窗打开，

| 纪氏宗祠
祖先像 |
邵风丽 摄

｜祭祖｜
邵凤丽 摄

口里念念有词，大概是请自家的祖先上席。母亲做这些的时候，我、父亲、小妹就神色紧张地靠墙站着，一动也不敢动，以免和祖先撞个满怀。祖先在世时一个个脾气都好，可不知做了鬼后性情是不是变了？就怕它们为一点小事见怪，拂袖而去，那我们家的夜晚就无鬼照看

｜祭祖｜
邵凤丽 摄

读祭文
邵凤丽 摄

了。"在这个故事里，祖先是家鬼、好鬼，可以保护后人。

祖先既可以被尊为神，也可以被称为鬼，神与鬼之间有一点是亘古不变的，那就是祖先与子孙之间永恒不变的血缘关系。正是为了表达子孙的感恩与孝思，同时向祖先祈求福佑，岁时祭祀活动才一代代地传承下来。

我们要崇拜哪些祖先

| 我们要崇拜哪些祖先 |

在家天下的社会文化背景下，祖先的位置高高在上，成为权威势力。祖先以其神秘的特征和奇异的超自然能力，牢固地支配着人们的灵魂和思想。

从古至今，中国人祖先崇拜的内容十分丰富。尊奉始祖神是祖先崇拜的最古老的内容。所谓始祖是一个家族、一个氏族、一个国家最早的族源象征。如女娲，造人又补苍天，功绩极大，被华夏后裔尊奉为"始祖母"。在河南淮阳有规模宏大的女娲观；河南西华有女娲城、女娲坟；在龙泉寺也有祭祀女娲的传统；陕西骊山有女娲坟，每年农历正月二十这一天是"女皇节"，当地人又称其"女王节""女娲生日"。为了庆祝这个重

| 伏羲女娲 |

邵凤丽 摄

31

要的日子，各家各户做面饼，还要把面饼抛上房，或者抛入井中，意思是仿效女娲补天补地。

民间相传，女娲造人、畜、蔬菜和果物共计用了十天，第一天造了鸡，第二天造了狗，第三天造了猪，第四天造了羊，第五天造了牛，第六天造了马，第七天造了人，第八天造了谷，第九天造了果，第十天造了菜。所以农历正月初七是"人日"，至今很多地方仍有人日吃长寿面，庆贺人类初生的习俗。有些地方农历正月十七、二十七也吃长寿面。农历正月初七吃长寿面寓意为小孩子顺利成长，农历正月十七吃长寿面寓意为中年人工作顺利，农历正月二十七吃长寿面寓意为老人身体健康。

| 裴氏宗祠 | 邵凤丽 摄 |

这样一来，小孩、大人、老人都得到了关爱和照顾，整个家庭在新的一年中都会顺利安康。

尊奉始祖神不仅是人类的共同始祖，还包括每个家族的始祖。在山西闻喜有个非常有名的村子，"中华宰相村"——裴柏村。这个村子被称为"中华宰相村"是因为历史上从这里走出来五十九位宰相和五十九位将军，这在中国历史上极为罕见。现在，裴柏村是著名的旅游景点，很多人慕名而来感受丰厚的历史文化。尤其是每年农历三月初三，整个村子挤满了人，全国各地的裴家人都来参加祭祖仪式，还有一些人过来做生意，逛庙会。

祖先崇拜的发展不都是对神话中最古老的始祖崇拜，也包括对本族源流世系的几代祖先的整体崇拜。正是这些世代相传的祖先世系形成了十分牢固且不间断的祖先崇拜链条。《山海经》中记载："炎帝生炎居，炎居生节并，节并生戏器，戏器生祝融。"于是炎黄子孙共尊祝融为火神。

在浙江文成，刘氏家族每年要举行春秋二祭。春祭

时，在祭祀刘伯温之前要祭祀刘伯温的"上七代"。可见每个家族都是不断发展延续的，像瓜蔓一样不断地延长。刘伯温的先祖是丰沛（今江苏一带）人，后迁往鄜延（今陕西一带）。北宋灭亡时，刘伯温的二世祖刘光世南渡

裴陵像
邵凤丽　摄

| 跪拜 |
邵凤丽 摄

| 牌坊 |
刘日泽 摄

到了临安（今杭州一带）。刘光世的儿子刘尧仁后来迁居到了丽水竹洲，刘尧仁的儿子刘集又去了当时的青田县南田镇武阳村生活，至此刘集的子孙们就在南田一带繁衍生息。刘集就是刘伯温的五世祖，刘伯温的曾祖刘濠、祖父刘庭槐和父亲刘爚都生长在南田镇武阳村，他们的坟墓也都在那里。每年春季和秋季时，刘伯温的子孙都要举行祭祀仪式，祭祀他们的祖先，表达自己对祖先的感恩，也激励自己学习祖先的优秀品质。

在刘伯温的祭祀活动中，有一个很重要环节，就是祭祀刘伯温次子忠节公刘璟。

当年，刘伯温和他的大儿子刘琏相继被陷害。数年

后，胡惟庸谋反被诛。刘伯温次子刘璟因平乱有功，得到了朱元璋的重用。

朱元璋有很多儿子，第四个儿子朱棣最为强悍，常常得到父皇的称赞。因为太子朱标已死，朱棣得意忘形，自以为肯定能做皇帝。谁知朱元璋临死时，却下诏传位给他的孙子朱允炆。朱棣看到侄儿登上皇位，非常恼火，于是暗地里招兵买马，准备造反。

刘璟多次向建文帝上书提出讨伐朱棣，但是朱允炆认为自己的叔叔不会加害自己。反而认为是刘璟从中生事，离间他们叔侄情义。因此，刘璟被贬官回到老家南田。

几年后，朱棣果然攻破金陵，夺了皇位。朱棣为了收买人心，便下旨诏刘璟回京做官。可刘璟却称病不去，朱棣恼羞成怒，下旨逮捕刘璟进京，准备软硬兼施。这样，便可借刘璟的威名，治服其他旧臣。钦差捕快到南田这天正好是农历五月初四，乡亲们平时都受到刘家的恩惠，一看见官府捉拿刘璟，知道此去凶多吉少，家家提前做粽子、煮鸡蛋送给刘璟。

刘璟到了京城见到朱棣后，一句"殿下"就让朱棣明白了此人是不可征服的。刘璟以"人臣事主，死而不贰"而坚决不接受朱棣给的官职，并又说了一句狠话："殿下百世后，逃不得一'篡'字。"朱棣大怒，刘璟被关进大牢。当晚，刘璟便在狱中用发辫自缢至死，时年52

刘氏祖训族规
邵凤丽 摄

岁。明崇祯年间刘璟被追封为大理寺少卿，谥刚节。清乾隆丙申赐谥忠节。

刘氏春祭先祭刘璟，且要在半夜进行。一是刘璟是忠臣，他的忠贞、节义，正如忠节公祠的一幅楹联所写："忠贞谱写千秋史，节义高标百代碑。"二是刘璟让侄儿刘廌承袭诚意伯。洪武二十四年，朱元璋考虑到刘伯温立下汗马功劳，就命刘璟袭封，但刘璟却说自己的哥哥刘琏虽然死了，但是哥哥的儿子刘廌还在，诚意伯应该由侄子继承。朱元璋一听非常高兴，命刘廌承袭伯位，也封刘璟为合门使。此后，整个明朝，诚意伯都在刘琏一支世袭。所以，刘璟忠贞、节义、礼让重亲的好品德使他成为刘氏家祭的

忠节公祠　　刘日泽　摄

|三位祭主| 邵凤丽 摄

重要祭祀对象。

祖先崇拜中，还有以对本家族做出重大贡献和牺牲的人物为崇拜对象的，大多是将这些人物神化后进行祭祀。

小朋友，你听说过"汪公大帝""太阳菩萨"吗？这个人是古徽州人，今安徽黄山人。每年清明节人们都要举行祭祀越国公汪华的大型庆典仪式。汪氏家族是古徽州大姓家族。胡适曾经说："汪姓绝大多数都出自徽州，'四门三面水，十姓九家汪'。"虽然"十姓九家汪"的说法有些夸张，但徽州汪氏的确是大姓家族，而且都

|祭祀越国公
汪华|
邵凤丽 摄

是唐代汪华的后人。汪华，原名汪世华，因为避讳唐太宗李世民改名叫汪华，史称"吴王""汪王""越国公"等。徽州人对汪华的认识，既是汪氏家族的始祖，也是庇护徽州一方平安的"汪公大帝"。

民间传说，汪华的母亲郑氏结婚以后一直没有小孩。一天夜里，她梦见一个黄衣少年，个子非常高，脚下踩着五彩祥云，从天而降，正好和自己相遇，没过多久她就怀孕了。次年农历正月十八晚上零点左右，邻居们远远看见汪家屋子里突然起了红光，以为失火了，急忙喊人前去救火。大家赶到屋前，一点烟火的痕迹都没有。这时候屋里传来婴儿的啼哭声，才知道郑氏刚刚生下孩子。当时满屋香气，久久不散。

汪华像
邵凤丽 摄

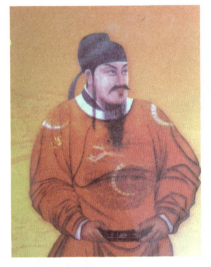

地里，把放牛和打柴的小伙伴集合起来，用少量的人合伙看牛，大多数人集中打柴，余下大量的时间继续玩耍。他经常盘坐在大岩石山上，像将军一样指挥儿童玩打仗的游戏。有一次，有一个小孩，因为迟到了，汪华一拳打去，也许这一拳太重了，这个孩子被打得摔倒在地，昏死过去，小伙伴们吓得四

汪华九岁那年，舅父安排他上山放牛。他把牛牵到

汪华墓
邵凤丽 摄

处逃散。孩子的父亲听说后跑来要捉汪华送官，汪华说："这事太简单了。我能使他死，就不能使他活吗？"说着把他扶坐起来，在后背重重地拍了一下，过了一会儿，孩子果然活了过来。大家都觉得汪华是个奇人。

长大后的汪华不喜欢干农活。当时天下大乱，汪华为了保护大家，起兵占领了歙州、宣州、杭州等很多地方，建立了吴国，自称"吴王"。在群雄争霸战火纷飞的年代，吴国却安宁祥和。后来，为了促进华夏一统，汪华主动放弃王位，归顺了大唐。唐高祖李渊封他为"上柱国""越国公"，总管六州诸军事兼歙州刺史。汪华死后，葬在歙县北七里的云岚山，当地百姓为他建了祠

堂。之后，在族人和地方民众的共同努力下，又在歙县乌聊山东峰建立了行祠，供奉汪华。除了这两座祠庙之外，徽州地区许多乡村都建有越国公庙，又称"汪王庙"。

一千多年来，各种祭祀汪公的活动在徽州各地得到广泛传承，不仅"汪王庙"祭祀不断，行祠社屋也遍布徽州大小村落。在徽州地区，

汪华题赞
邵凤丽 摄

功勋赫濯泽庇奕疆历朝袤赠庙食维光

宋文天祥拜题

文武汪重庙专百粤正直聪明贵张闾致

浑唐擢忠卫社稷义英灵在天赤职膺刊

嗟庵吴英耀题

41

抬"汪公"
邵凤丽 摄

汪华被奉为"汪公大帝""花朝老爷""太阳菩萨",且形成相应的民间祭祀活动,特别是在安徽、浙江、江西、四川等有徽州移民的地方,祭祀汪公的活动更为盛行。

三大「鬼节」

三大"鬼节"

中国历来有慎终追远、报本返始的祭祀传统，并有三大"鬼节"，分别指清明节、中元节与寒衣节。

清明节

清明节气处在阴气衰退，阳气旺盛的时节，人们一方面感恩、怀念祖先，一方面以培土、展墓、挂纸的方式展现后代的兴旺。祖先的坟墓联系着家族的繁衍、子孙的兴衰，子孙兴旺才能保护祖先的安宁与香火的绵延。祖墓不仅是生命之根，

南氏祖墓
郭凤丽 摄

也是情感之结，人们无论走到哪里，都心系祖墓。

扫墓祭祖是清明节俗的核心。每到清明，人们都忙着回乡上坟，"三月清明雨纷纷，家家户户上祖坟"。无论城市还是乡村，清明扫墓都异常热闹。清明扫墓，但是不一定在清明当天，可前后放宽些。上海地区俗称"前七后八，阴司放假"，即扫墓不超出前七天后八天的范围。在广东长乐，扫墓要在四月八日前停止，因为俗信这天闭墓。辽宁海城以清明前后十日为扫墓期。总体上来看，现今扫墓更多集中在清明这天进行。

扫墓一方面可以表达后人对祖先的孝敬与关怀，另一方面，在古人的信仰里，祖先的坟墓和子孙后代的兴衰福祸有莫大的关系，所以扫墓是不可忽视的一项祭奠内容。清明扫墓之风在唐代已经很兴盛，唐人诗曰："南

清明上坟 | 邵凤丽 摄

进献花篮 | 邵凤丽 摄

北山头多墓田，清明祭扫各纷然。纸灰飞作白蝴蝶，泪血染成红杜鹃。"

祭扫首先要将坟头的杂草清除干净，因为"暮春三月，江南草长，杂花生树，群莺乱飞"，荒野中冷落了一年的亲人坟茔早已杂草丛生，需要清理了。于是祭祀前，拔去坟头杂草，并将被风雨冲刷侵蚀的坟头重新培土。如果清明过后，坟上不见新土，则会被人认为是无人祭奠，所以有诗句"但看垅上无新土，此中白骨应无主"。

坟墓修整完好之后，人们摆出三牲祭品、醴酒、香火等物以及其他富有地方特色的物品。山西万泉、荣河一带喜用面食祭品，其状如兜鍪，蒸制而成，俗称"子

| 焚烧纸钱 | 邵凤丽 摄

| 清明扫墓 | 邵凤丽 摄

推"。荣河县的"子推"里面还要装九个胡桃，外围放八个胡桃，上面放个鸡蛋。一切祭品摆放完毕，人们按照由长到幼的顺序给亲人跪拜磕头，有些人家是鞠躬行礼，同时还要读祭文，以表达子孙们对祖先的怀念和感恩。

纸钱又名寓钱，取寓真钱之形于纸之义，是清明扫墓的重要标志。纸钱的使用始于魏晋，起初是对汉代以来随葬钱币的变通，唐代后开始普遍存在于丧葬祭祀仪式中。

各地送纸钱的方式不同，有烧、挂、压等多种方式。过去由于寒食禁火的影响，纸钱不焚烧，而是挂在墓地边的树上、竹竿上，或用砖石、土块压在坟墓边。

| 祭品
  邵凤丽　摄

安徽寿春清明时，家家插柳，并悬纸钱于墓树，称为"赈野鬼"。

在很多地方，扫墓时要区分新坟与老坟，这种区分在宋代已经出现。所谓新坟，即为三年之内安葬的坟墓。到了清代，很多地方都要清明上新坟。靖江地区称上新坟为"哭新鬼"。

清明祭祖时人们要将三牲祭品、四碟六碗、时馐清酒等丰盛的祭品献给祖先。祭毕，这些酒食一定要与家人、亲戚共享，也是分享祖先福佑，俗称"吃清明"。在山东威海、栖霞，全族公祭祖坟后，一起吃祭后的馒头及菜肴，称为"房食"或"祊社"。在浙江缙云叫作"散清"，在宣平叫作"吃清"。

冯友兰曾说："行祭礼并不是因为鬼神真正存在，只是祭祀祖先的人出于孝敬祖先的感情，所以礼的意义是诗的，不是宗教的。"我

| 叠金元宝 |
邵凤丽 摄

| 叠金元宝 |
邵凤丽 摄

| 祭祖后"吃酒" |
邵凤丽 摄

| 鲜花 |
邵凤丽 摄

们相信亲人、祖先能够接受我们的祭奠，感受我们内心涌动的亲情。清明时节庄重、虔诚的墓祭，是情感的、道德的、诗意的真实。

中元节

余光中在《中元夜》中说："今夕是中元，人和鬼一样可怜。可怜，可怜七夕是碧落的神话，落在人间。中秋是人间的希望，寄在碧落。而中元，中元属于黄泉，另一度空间。"

中元节又称"七月半""盂兰盆节"，传说这一天地府洞开，鬼魂四出。南朝刘义庆的《幽明录·新鬼》讲述了一个故事：有一个新到地狱的鬼，瘦弱不堪。他在地狱中遇到一个胖鬼，很是羡慕，于是上前问怎么才能变得富态起来。那个鬼告诉他，只要到人间作祟，闹出点动静，人们一害怕，就会供奉东西给他吃。瘦鬼于是高高兴兴来到人间，但他没有调查摸底就冒冒失失闯入一户人家。见到厨房中有一口磨，抢步上前就推了起来。不巧，这家人很穷，自己都缺吃少穿，哪有食物供奉他呢？主人听到响动，到厨房查看，空无一人，而磨在转，便感叹道："天都可怜我，派鬼来帮我推磨了。"结果，瘦鬼推了半天，不仅没捞到半点儿吃的，还累得不行。据说这是俗语"有钱能使鬼推磨"的来源之一。

中元祭祖准备
叶辉 摄

为何人们要在中元节祭祖呢？唐代诗人戎昱在《开元观陪杜大夫中元日观乐》中说："今朝欢称玉京天，况值关东俗理年。"所谓"理年"，是指古代秋成之时祭祖的礼俗。秋天是收获的季节，在农作物丰收或

| 中元祭祖 |　　叶辉　摄

| 中元祭祖的祭品 |　叶辉　摄

即将丰收的时节，人们举行祭祖活动，将成熟的谷物献给祖先，一方面是报答祖先的福佑，另一方面是因为在古人的心目中，珍贵的食物应该首先奉献给神灵。只有在神灵享用之后，人们才可以享用。否则就是对神灵的不敬，会有灾祸到来。孟秋七月的献祭仪式在古代称为"秋尝""尝新""荐新"等。最初，祭祀的日期并不确定，后来逐渐固定在农历七月十五前后，因为农历七月十五是下半年的第一个望日，一般也是立秋后的第一个月圆之夜，在秋气新来的阴盛之时，祭祀亡灵，对古人来说是极佳的选择。

宋代孟元老的《东京梦华录》卷一："中元前一天，人们到街上买练叶，祭祖的

|裴柏村祭祖|
郜凤丽 摄

时候铺衬在桌面上，还要买麻谷巢儿，系在桌子脚上，意思是向祖先报告秋成。"时节到了七月，田里的农作物开始成熟，按例要祭祖，用新米作祭品，向祖先报告秋成。明代嘉靖年间，山东夏津县还有"中元荐新"的习俗。崇祯年间，江苏泰州一带，每到中元日，"人家皆祀先荐新"。

中元节，百鬼横行，而祖先不同于其他的鬼，祖先与我们血肉相连，情感相通。中元节祭祖，既是在秋成之际表达对祖先的感恩，也期待获得祖先的庇护，更加幸福的生活。

寒衣节

寒衣节祭祖源于古代人的时节意识。中国古代，农历十月是一个重要的月份，它不仅是收获祭礼与丰年宴会隆重举行的时月，同时也

|山海关孟姜女
哭长城处|
邵凤丽 摄

是冬寒乍起的时节。农历十月，在古人看来是一个既喜且忧的月份。人们一面聚餐会饮，欢庆丰年；一面祭祀祖灵，祈请仙人的佑护，为度过寒冬作精神准备。后世的十月节俗活动或隐或现地传袭了人们这种特有的时间感受。

古时，十月添衣服的习俗就成为朝廷的节令礼仪。那时，天子执掌天时，他通过换冬衣的方式昭告天下：

冬天已经来临。宋朝时，皇帝为了显示顺应天时，在每年农历十月初一这天早朝时，都要行"授衣"礼，这样，十月一穿寒衣的习惯就流传了下来。不仅北方地区十月穿寒衣，即使在江南，也要换冬衣。为了御寒，人们纷纷换上了棉衣，还生起了炉火，举办"暖炉会"，亲朋好友围聚一堂，畅谈欢笑。

对于异乡的游子、远戍的征人，寒衣的寄送更是牵动千万人的心弦，孟姜女的传说故事是最典型的例子。如民间小曲："十月里芙蓉十月一，家家户户缝寒衣；人家丈夫把寒衣换，孟姜女千里寻夫送寒衣。"相传，秦时孟家庄有一位老汉，他在院子里种了一株葫芦，葫芦藤延伸到了隔壁姜家院子

孟姜女神像
刘硕 摄

孟姜女像
刘硕 摄

里，后来葫芦里竟然长出一个女婴，因此取名孟姜女，配夫范杞良。后来，范杞良被抓去修筑北疆长城，孟姜女千里寻夫送寒衣，寻到长城脚下，不想丈夫已死，被埋筑城墙里。孟姜女悲愤交加，向长城昼夜痛哭，终于感天动地，哭倒长城，露出丈夫尸骨。孟姜女哭倒长城八百里后，与秦始皇面对面争论，最后怀抱丈夫遗骨，纵身跳海殉夫。由于孟姜女

|赖氏宗祠祖先神主|
邵凤丽 摄

千里寻夫送寒衣的故事凄凉感人，人们便将农历十月初一这天称作"寒衣节"。

宋元以后，寒衣节成为与清明节、中元节并列的悼亡节。元朝时，北京城从农历十月初一开始，人们纷纷给祖先送寒衣，上坟，扫去坟上的黄叶。到了明朝，寒衣节更出新招，市场上出现了用刻板刻印的五彩纸衣，

分男女不同样式，还有包裹寒衣的纸套，在纸套上可以写收衣人的姓名、行辈、地址等个人信息。晚上祭奠之后，人们呼唤着亡者的名号，在家门口，或是墓地把寒衣焚化，这就是"送寒衣"。

在冬寒到来的时节，人们在入室加衣避寒的时候，自然会联想到暴露在郊野的亡灵，特别是自己的祖灵，因此，帮助亡人度寒成为生者义不容辞的责任。人们对亡灵的孝义意识，自然是生人对亡人的情感依恋，但还有一个更重要的因素，那就是对祖先的依赖。人们给祖先送去了过冬的寒衣，希望祖灵赐福、保佑，从祖先那里汲取御寒的精神力量。

祭祖的那些日子

| 祭祖的那些日子 |

三大"鬼节"是重要的祭祖时间，祭祖却又不止是这三个节日，春节、冬至、祖先的生辰等重要的时日也都要祭祖。

春节祭祖

祭祖是春节期间一项隆重的民俗活动，源于天道交变引发的思慕之心。祭祖是表示对祖宗先辈的感恩和怀念之情，同时希望祖先神灵保佑子孙后代兴旺发达、幸福安康。

春节期间，如果没有家族祠堂，人们也可以在家里举行家祭。在吉林，杨氏家祭活动从年三十的早晨开始。一清早，主祭家开始准备祭品，主要是制作供饭、供菜。供饭要用新做熟的米

| 浙江文成
刘伯温庙 |
刘日泽 摄

杨氏家族春节祭祖 杨立春 摄

饭，供奉家谱用四碗供饭，供奉三代宗亲用六碗供饭。供菜有三种与五种两类，即

猪肝、猪肚、炸鱼、粉肉与炸粉条五种，不同的家庭可以根据需要自由选择。中午之后，人们开始在屋中北墙下摆设香案，把供饭、供菜摆好，并且配以筷子，将之前准备好的馒头左右各放五个。烛台、香碗放置左右，然后将年货中的水果挑选若干加以装饰。最后在门口铺设神道，供祖先回家时踩踏。

晚上八点左右，祭祖仪

准备燃放的鞭炮

邵凤丽 摄

式正式开始。首先"请神"。"请神"活动的参与者是男人，女人不能参加。男人聚齐后，携带纸钱、爆竹前往杨氏祖坟"请神"。到坟地后，先要放鞭炮，燃纸钱，由主祭人邀请祖先回家过年，小辈们先后磕头。当"请神"的队伍回到主祭人家里后，院中燃火，鸣放鞭炮，邀请祖先进屋。屋内香案上悬挂家谱，如果家族中有人去世未满三年，或者是非正常死亡，这个人不能上谱，但可以把名字写在红纸上，粘在家谱相应位置，与其他祖先一同享祭。之后点燃香烛、纸钱，族人依次磕头。

初一是祭祖的又一个重要时间，这次参与祭拜的人群主要是家族中的媳妇。三十晚上的"请神"过程严格拒绝女性参与，即使是出嫁的女儿也只能在初一的清早到家谱前烧香、跪拜，表达祭拜之意，而家族中的未婚女儿不可以跪拜家谱，但是可以观看祭拜过程。

"送神"的日子是大年初二晚上。"送神"的场面和"请神"时一样隆重。"送神"仪式大约在晚上八点开始，主祭人家里事先准备好饺子，煮熟后先在家谱前放好，然后参加"送神"的族人每个人都要吃一个饺子，

合影留念
邵凤丽 摄

焚化"金山银山"
邵凤丽 摄

表示与祖先一起饮食。然后依次焚香、跪拜。将家谱取下、装好，以备明年使用。一切收拾完毕之后，"送神"的队伍要离开主祭家向祖坟的方向走去，走至第一个十字路口，焚烧纸钱，主祭人跪地磕头，说："老祖宗回去吧，明年再接你们回来过年。"至此，"送神"仪式结束，春节祭祖仪式也宣告完成。

春节祭祖，可在除夕进行，也可以在其他时间进行。在山东临清汪氏家族，春节祭祖是家族中最盛大的集体活动。依据临清汪氏家族规定，每隔五年，即"逢五排十"年份，全族统一公祭，也称"大祭"。"大祭"年份之外，各村落汪氏后裔根据具体情况实施"小祭"。春节祭祖的时间确定在每年农历正月初五。2010年农历正月初五，汪氏家族举行了盛大的祭祖典礼，程序如下：

第一项　主祭人讲话。

第二项　全体汪氏宗亲肃立，祭祖大典开始，鸣炮。

第三项　向汪氏先祖敬献花篮。

第四项　汪氏家族代表恭读祭文。

第五项　上香。

第六项　敬酒。

第七项　全体肃立向汪氏祖先敬拜（三鞠躬），奠酒仪式礼毕。

第八项　汪氏宗亲向汪氏祖先叩拜，全体行九拜礼。

第九项　汪氏宗亲焚纸、观墓。

祭祖大典结束后，族人赴各分支墓地祭祀。据族中老人回忆，以前初五祭祖之后，所有参加祭祖的族人一起吃饭，费用由祭田（旧时族田中用于祭祀的土地）拨出。现在由于没有经费来源，祭祖之后，大部分人都各自离开，只有少数分支负责人留下吃饭，研究部署新一年的家族事务。

冬至祭祖

陆游在《辛酉冬至》中说："今日日南至，吾门方寂然。家贫轻过节，身老怯增年。毕祭皆扶拜，分盘独早眠。惟应探春梦，已绕镜湖边。"诗中的"日南至"指的就是冬至这一天。

作为二十四节气的冬至，在古人看来，具有时令标记的意义。冬至是阴阳转换的关键点，所以古人将冬至所在的月份奉为"天正"，冬至也长期被视为与新年媲美的人文节日，号称"亚岁""冬节""长至节"。其实，冬至在上古时期就是新年，在历法时代之前，人们通过观测天象，将冬至作为年度循环的起点。周密《武林旧事》中记载，宋朝时，每逢冬至，朝廷都举行大型朝会庆贺，大街小巷上贺冬车马都装饰一新，男女老幼也穿上华丽的新衣服，相互庆贺，俗称"做节"。

冬至时节，皇帝拜天祭祖，乡村里舍，无论贫家富户也都要祭祀祖先，以祈求福佑。如果向前追溯，殷代的年终大祭"清祀"便是在冬至所在的十一月。"清祀"以祭祀祖先为主、兼祀百神。汉代之后，作为年终祭礼的祭祖典礼，始终围绕在冬至前后。到了宋代，孟元老在《东京梦华录》中记载北宋时京师最重视冬至节，这一

天，人们更易新衣，备办饮食，祭祀祖先。民间把这种冬至祭祖的活动，叫"祭冬"或"拜冬"。

冬至是祭祖的重要时节，当然也要准备丰盛的祭品。宋代诗人王洋写了一首名为《近冬至祭肉未给因叙其事》的诗，诗中写到诗人以往在冬至这一天都会像其他人家一样准备三牲祭品，即牛、羊、猪来献祭。但无奈今年生活窘迫，实在没有钱去买肉。冬至祭祖又是大祭，如果不用肉类作为祭品，诗人觉得是自己的过失，是对祖先的不尊重，于是清晨起床便与夫人商量应对的办法。可家中贫寒，一点余钱都没有了，诗人狠心地决定典当自己的衣服，再让夫人剪下发髻以换取祭祀食物。

| 跪拜进献 |
邵凤丽 摄

虽然这已经是他们所有的家当了，但所换得的肉少得可怜，只能勉强将器皿装满。看到如此情景，这位夫人开始思量祭祀的意义，她说祭祀祖先贵在诚心，表达自己的一片孝心，若祭拜时不诚心，祭物再丰盛也是没用的。反之，如果他们生活贫寒，就没有必要非得准备丰盛的祭品，只要是他们祭祀的心诚就是对祖先最好的祭祀了。

诗人王洋曾是宋朝官员，晚年罢官过着隐居生活，没有钱没有田，冬至祭祖虽依礼举行，但只能勉强将祭器装满。通过这个故事可以看到宋朝时人们极为重视冬至这一天的祭祖仪式，通常要准备丰盛的祭品，以表示自己的孝心。如果生活困苦，无力准备丰盛的祭品，就像那位夫人说的一样，祭品多或少不重要，诚心、孝心才最为重要。

在绍兴民间称"冬至大如年"。冬至时家家祭祀祖先，有的甚至到祠堂家庙里去祭祖，谓"做冬至"。有的要去祖先坟头加泥、除草、修基，认为这一天动土大吉，否则可能会横遭不测。祭祀之后，亲朋好友要一起聚饮，俗称"冬至酒"，既怀念亡者，又联络感情。

浙江台州"三门祭冬"习俗已经流传了700多年。2014年，"三门祭冬"被列入国家非物质文化遗产代表性项目名录。"三门祭冬"是杨氏家族每年冬至举办的拜天祭祖活动。仪式主要有取长流水、祷告祈天、祭祖、

【三门祭冬】
邵凤丽 摄

演祝寿戏、行敬老礼、设老人宴等流程。

"冬至一阳生",冬至这一天是阴阳转换的关键点,这一天之后阳气开始上升,阴气逐渐下沉,大地开始焕发生机,人们"因时而祭",表达对祖先的感恩与孝道。

除了重要节日要祭祖外,一些家族选择在特定的时间举行祭祖活动。林耀华在小说体人类学著作《金翼》中用翔实的笔墨为我们勾画出二十世纪初期福建乡村的祭祖活动:

黄家第一位祖先的坟位于村和湖口之间的山顶上。献祭那天,家里选五哥和小哥负责这种事,他们很早就起来去上坟,想为家里人找个较好的位置参加中午的盛典,尽管他们早上就到了,可那里已来了村里的许多孩子。坟上打扫得很干净，野草和浮土已除去，座位摆在坟地的两侧，大约有12个位子围在一块平地周围，这块空地圆且平，用来当桌子用。

五哥和小哥来得晚了点儿，他们得四处寻找适合放自己家桌子的地方。坟旁一棵大树下的荫凉是一块很好的地方，每年的经验使孩子们学会了寻找最好的地方。

当小哥在找地方的时候，五哥和一个年龄相仿的男孩争吵起来，五哥要占领一块地方，而村里那男孩说是他的。男孩把他的东西放在那儿，表示已占据了那块地，五哥却说他早已把绿树枝放在位子上了，传统上这是最先占据的象征。在激烈的争论中，男孩和五哥开始扭打起来。小哥在家里以五

哥为敌，现在则成了他的可靠助手。他跑过来，扔掉了男孩的东西，用一根棍打男孩的脚。在两个人的攻击下，男孩被击败，退却了。其实，他完全可以打小哥，只是他不能这样做，因为小哥太小了，不是他的对手。

……

过了一会儿，响起了爆竹声，引起山里阵阵回响。村里的孩子们欢笑着，每人

墓碑
邵凤丽 摄

|祭品| 邵凤丽 摄

|祭祖的人群| 邵凤丽 摄

进入了一个高潮，这时规定由肃穆的音乐伴奏进行庄严的仪式与活动。

男女老幼都跪在坟前，叩头三次，由于地方小，村里的人像潮水一样轮流到这里参加典礼。坟上雕刻的石碑前有一大石桌，上面摆满了食物，酒杯里倒满了酒，燃点着烛光和香火。最后纸钱、纸元宝堆在一起，一点即成冲天的火焰。

行礼后，食品要分给各处，人们坐下来开始野餐。村里的老人站起来向大家敬酒，并赞扬他们的祖先。家族中的所有男人，从刚会走路的孩子到老人都来参加这个献祭盛宴，但没有女人参加，只有几个十岁以下的女孩跟着跑来。这是黄家最盛大的集会之一。

的脸上都充满着愉快和幸福的表情。突然，一个领头人敲响了一面大锣，这是召唤所有子孙向安息在坟里的祖先们致敬。寂静的山林顿时黄家的墓祭节持续约十天，每天只打扫一个坟，这是按照从较远到较近的祖先的顺序逐日进行。像大树的树杈，宗族的不同世系群是从祖先的"主干"分枝而来的。因此，轮到较近的祖先，不同世系分别向与他们有关的坟献祭。……

墓祭节对村民来说是个很大的场面，他们经过辛苦的夏季田间劳动，在秋收到来之前恰好借此机会休息一下。像其他村民一样，在墓祭节时东林从不缺席，他认为这是后代孝顺的行为，同时亲人的团聚可以加强个人间的纽带，成为村落的巨大力量之一。

岁时祭祖，人们总是认为祖先就在冥冥之中保佑着家世的兴旺、子孙的繁衍。

| 祭祖乐队 | 郎凤丽　摄

"祭祖,已然成为血脉汇聚、增进感情、精神认同的家族功课和不忘根系、感恩思孝、端行修德的人生功课。"

灵魂是人类创造的极具神秘色彩的词汇之一。洪荒年代,人类在对睡梦和死亡的不解中,萌生了灵魂的观念。在古人的想象中,灵魂无影无形,超乎于万物之上,既可施惠于人,又可降祸于人,让人敬之畏之。在众多的灵魂当中,与自己有血缘关系的祖灵与众不同,与人们世世代代生活在一起,一年四季,祭祀不断。"祭如在,倍思亲。祭如在,一切在"。

崇拜祖先、祭祀祖先,对中国人来说,不仅是信仰的、伦理的,更具有强大的社会功能。中国古代长期的农业宗法社会滋养了祖先崇拜,为祖先崇拜的生长提供了肥沃土壤,祖先崇拜反过来也维系和强化宗法制度与观念。长期以来,中国人赋予祖先崇拜宗教性、伦理性与社会性三重属性,才使得祖先崇拜成为具有中国特色的标志性文化行为。

图书在版编目（CIP）数据

祖先崇拜 / 邵凤丽著；黄景春本辑主编. -- 哈尔滨：黑龙江少年儿童出版社，2021.10（2022.7 重印）
　（记住乡愁：留给孩子们的中国民俗文化 / 刘魁立主编. 第十辑，民间信俗辑）
　ISBN 978-7-5319-7332-4

Ⅰ. ①祖… Ⅱ. ①邵… ②黄… Ⅲ. ①祖先崇拜－中国－青少年读物 Ⅳ. ①B933

中国版本图书馆CIP数据核字(2021)第206007号

记住乡愁——留给孩子们的中国民俗文化　　　　刘魁立◎主编

第十辑 民间信俗辑　　　　　　　　　　　　　黄景春◎本辑主编

祖先崇拜 ZUXIANCHONGBAI　　　　　　　　　　邵凤丽◎著

出 版 人：张　磊
项目策划：张立新　刘伟波
项目统筹：华　汉
责任编辑：于　淼　王洪志
整体设计：文思天纵
责任印制：李　妍　王　刚
出版发行：黑龙江少年儿童出版社
　　　　　（黑龙江省哈尔滨市南岗区宣庆小区8号楼 150090）
网　　址：www.lsbook.com.cn
经　　销：全国新华书店
印　　装：北京一鑫印务有限责任公司
开　　本：787 mm×1092 mm　1/16
印　　张：5
字　　数：50千
书　　号：ISBN 978-7-5319-7332-4
版　　次：2021年10月第1版
印　　次：2022年7月第3次印刷
定　　价：35.00元